Lutz Gebhardt & Autorenkollektiv

Das kleine Rügenbuch

Rhino Westentaschen-Bibliothek
Band 32

OSTSEE
Kap Arkona
Putgarten
Vitt
Kuhle
Altenkirchen
Dranske
Juliusruh
Wiek
Ostseebad Breege
Wittow
Bug
Lohme
Herthasee
Glowe
Bobbin
Gummanz
Neddesitz
Neuenkirchen
Jasmund
Trent
Großer Jasmunder Bodden
Sagard
Sassnitz
Schaprode
Kartzitz
Lietzow
Fährhafen Mukran
Ummanz
Waase
Ralswiek
Kleiner Jasmunder Bodden
Gingst
Patzig
Prora
Rügen
Bergen
Ostseebad Binz
Zirkow
Ostseebad Sellin
Ostseebad Baabe
Putbus
Vilmnitz
Lancken-Granitz
Ostseebad Göhre
Karnitz
Rambin
Lauterbach
Altefähr
Kasnevitz
Alt Reddevitz
Middelhagen
Mönchgut
Neukamp
Vilm
Lobbe
Garz
Gager
Gustow
Swantow
Groß Zicker
Groß Schoritz
Ostseebad Thiessow
Zudar
Zudar
Greifswalder Bodden

Lutz Gebhardt & Autorenkollektiv

Das kleine
RÜGENBUCH

RHINOVERLAG

Fotos: Dr. Lutz Gebhardt, außer Seiten 19, 32, 57, 80, 82, 86: Rolf Reinicke; Seite 84: Cherub51 (CC-BY-SA 4.0)

Impressum

©2015, 2021 RhinoVerlag Dr. Lutz Gebhardt & Söhne GmbH & Co. KG
Am Hang 27, 98693 Ilmenau
Tel.: 03677/46628-0, Fax: 03677/46628-80
www.RhinoVerlag.de

Titelbild: Kreideküste, Dr. Lutz Gebhardt
Layout, Satz: Verlag *grünes herz*®, Sibylle Senftleben
Schrift: HumstSlab712 BT
Titelgestaltung: Jana Rogge, Weimar

2. Auflage 2021
ISBN: 978-3-95560-032-7

Rügen

Die Insel Rügen ist die größte und schönste Insel Deutschlands. Bietet sie doch unvergleichliche Schönheit und Vielfalt an Landschaft, Flora und Fauna. Nirgendwo an den deutschen Küsten gibt es eine derartige Durchdringung von Land und Wasser, von keinem Punkt der Insel ist es zum Wasser weiter als 6 km. Wild zerklüftete Kreidefelsen wechseln mit gelben Lehmufern und kilometerlangen Nehrungen. Fünf Halbinseln und 31 kleinere Inseln, durch zahlreiche Bodden und Wieken (kleine Buchten) getrennt, umgeben die Hauptinsel. Die Pflanzenwelt Rügens ist sehr vielfältig. Buchen- und Kiefernwälder, Sonderformen der Strandvegetation, die Flora der Salzwiesen wechseln sich mit Heiden und Mooren ab. Naturschutzgebiete und Biosphärenreservate sollen diese Biotope bewahren.
Rügens Besiedlung begann in der Steinzeit. Hügelgräber sind Zeugen ihrer ur-

zeitlichen Erbauer. Nach der Völkerwanderung besiedelten Ranen die Insel. 1168 wurde Rügen von den Dänen erobert. Ranenfürst Jaromar musste dem dänischen König den Lehenseid leisten, die slawische Bevölkerung wurde christianisiert. 1325, mit dem Tod des letzten Slawenfürsten, kam Rügen zu Pommern, allerdings blieben die Kirchen noch bis in das 16. Jh. im dänischen Bistum Roskilde. Nach dem Dreißigjährigen Krieg (Westfälischer Frieden 1648) unterstellte man die Insel der schwedischen Krone. 1815 fiel Rügen an Preußen. Die Bevölkerung lebte hauptsächlich von der Landwirtschaft und dem Fischfang. Seit Mitte des 19. Jhs. entwickelte sich verstärkt der Tourismus, der sich mit dem Bau der ersten festen Landverbindung, dem Rügendamm, gedeihlich entwickeln konnte.

A

Der Ort **Altefähr** (ⓘ 038306 / 75037) entstand mit der Aufnahme einer Fährverbindung zwischen Stralsund und der Insel Rügen – eine Urkunde belegt 1240 erstmalig die Existenz des Ortes. Zum Ende des 19. Jhs. nahm der Fährverkehr sprunghaft zu, als zahlreiche rügensche Bauern ihre Produkte nach Stralsund zum Verkauf brachten. Als ein Teil der Schnellzugverbindung Berlin–Stockholm wurde hier 1909 die erste Eisenbahnfähre eröffnet. Als dann schließlich 1936 der Rügendamm gebaut wurde, gab es kaum noch Bedarf an der Fährverbindung, die dann eingestellt wurde. Erst 1957 nahm wieder eine Personenfähre den Betrieb auf, die Erholung suchende Stralsunder auf die Inselseite

Im Hafen von Altefähr mit Blick nach Stralsund

des Strelasundes schippert. Sehenswert ist neben den beiden Strelasundquerungen die Dorfkirche „St. Nikolai“ aus dem 15. Jh. mit ihrem markanten achteckigen Spitzturm. Der Backsteinbau besitzt in seinem Inneren einen barocken Altar (1746), ein Kalksteintaufbecken (14. Jh.), eine hölzerne Renaissancekanzel (1667) sowie vier Votivschiffe.

Altenkirchen (ⓣ 03551 / 800-0) wurde frühzeitig besiedelt. Man geht davon aus, dass noch vor den Germanen Menschen hier lebten. Nach dem Sieg der Dänen über die Ranen im Jahre 1168 begann die Entwicklung als dörfliche Siedlung und Markt. Das bedeutendste und älteste Bauwerk des Ortes ist die Kirche. Mit dem Bau der Apsis und des Chores begann man, zur Unterstützung der Christianisierung der slawischen Bevölkerung, schon vor 1200. Romanische Stilelemente, wie Rautenfriese und Deutsches Band sowie Wandmalereien im Inneren, belegen das Alter. Das drei-

Die Kirche in Altenkirchen

schiffige kreuzrippengewölbte Langhaus wurde im 14. Jh. fertig gestellt. Die Kirche gehört zu den ältesten Backsteinbauten des gesamten Ostseeraumes. An der östlichen Außenwand des Schiffes befindet sich in Sockelhöhe ein slawischer Grabstein. Dieser wurde erst nach der Erbauung der Kirche an der jetzigen Stelle eingemauert. Auf dem Stein ist im Relief ein Mann mit Kinn- und Knebelbart dargestellt, von dem man vermutet, dass es sich um eine Darstellung des Ranengottes Svantovit handelt. Der hölzerne

Glockenturm wurde 1670 einige Meter vom Kirchengebäude entfernt gebaut. Seine Glocke stammt aus dem 15. Jh. Im Inneren der Kirche befinden sich u. a. ein Barockaltar (1724), eine Orgel aus dem Jahre 1750 und ein Taufstein aus Kalk, er ist vermutlich der älteste der aus Gotland nach Nordwestpommern eingeführt wurde. Sein Alter schätzt man auf über 750 Jahre.

ALT REDDEVITZ auf Mönchgut liegt an der Hagenschen Wiek und ist ein Ortsteil der Gemeinde Mönchgut. Land Reddevitz hieß auch der des gesamte Herrschaftsbereich der Zisterziensermönche, den sie 1252 von Fürst Jaromar II. übertragen bekamen. Der Ort ist ein einzeiliges, langgestrecktes, für Rügen typisches

Die Wasserseite von Alt Reddevitz

Reihendorf. Die Mönchguter Trachtengruppe des Ortes ist als einzige auf Rügen noch aktiv.

B

Im Jahre 1252 wurde das Ostseebad **Baabe** (ⓘ 038303 / 1420) erstmals urkundlich erwähnt. Der Ort liegt zwischen Ostsee und Selliner See. Nördlich des Ortes markiert der Mönchgraben und

Fischerboote an Baabes Strand

das 2002 errichtete Mönchgut-Tor, die Grenze des Mönchgutes. Die ersten Badegäste kamen 1890 und 1905 entstand als erstes auf der Insel Rügen ein Damen- und Herrenbad. Zwischen 1927 und 1929 entstand die heute noch den Ort prägende

Lindenallee zum Strand, die einzigartig auf Rügen ist. Das „Haus des Gastes", ein architektonisch interessanter Neubau, und der Kurpark mit seiner Freilichtbühne sind wichtige Veranstaltungsorte auf Mönchgut. Die Dorfkirche Baabes stammt aus den Jahren 1929/30. Ungewöhnlich ist eine Außenkanzel an der südöstlichen Ecke der Kirche. Vom Ortsteil Baaber Bollwerk kann man Bootsfahrten in den Greifswalder Bodden und zu anderen Häfen Rügens unternehmen.

Die Stadt **Bergen** (ⓘ 038381 / 3152838) ist die „Hauptstadt" Rügens. Aus allen Richtungen führen die Straßen radial zu dem auf einer Anhöhe liegenden Markt hinauf. Nach der Eroberung Rügens durch die Dänen ließ Fürst Jaromar I. als weithin sichtbares Zeichen seines christlichen Glaubens unweit des Marktes die Klosterkirche St.-Marien mit einem daneben angesiedelten Nonnenkloster errichten. Neben der interessanten Architektur der ursprünglich rein romanischen Kirche weist sie eine in Norddeutschland einmalige Totalausmalung vor. Sie stammt aus dem 13./14. Jh. und wurde bei der Restaurierung am Ende des 19. Jh. unter alten Farbschichten entdeckt. Im ehemaligen Klosterhof befindet sich heute das Stadtmuseum, in dem die Geschichte Bergens und der Insel Rügen dargestellt ist, sowie eine Keramikschauwerkstatt. Vom Bergener Markt gelangt man etwas bergauf zum Rugard (91 m), der höchsten Erhebung des Rügener Inselkerns. Dort steht inmitten einer slawischen Burgwallanlage, in der sich im frühen Mittelalter vermutlich die Residenz der Rügenfürsten befand, der 27 m hohe Ernst-Moritz-Arndt-Aussichtsturm. Er wurde in den 1870er-Jahren er-

Ernst-Moritz-Arndt-Turm in Bergen

richtet und dem von Rügen stammenden Dichter und Patrioten Ernst Moritz Arndt (1769–1860) gewidmet. Von 2000 bis 2002 wurde er grundlegend saniert. Bei klarem Wetter bietet sich eine grandiose Sicht fast über ganz Rügen. Die „Erlebniswelt Rugard" unweit des Turmes bietet mit Inselrodelbahn, Rutschenturm, Minigolf, Go-Kart und vielem anderen Spaß für die ganze Familie.

Das **UNESCO Biosphärenreservat Südost-Rügen** (ⓘ 038301 / 8829-0) umfasst ein Areal von 22.800 ha, davon sind 12.300 ha Wasserfläche. Biosphärenreservate sind Lebensräume, in denen modellhaft zukunftsweisende, umweltverträgliche Wirtschaftsformen entwickelt werden. Ziel ist es, eine von Menschen geprägte Kulturlandschaft zu bewahren, zu schützen und zu pflegen. Es ist in drei Schutzzonen: Kernzone, Pflegezone und Entwicklungszone eingeteilt. Kern- und Pflegezonen sind als Naturschutzgebiete, die Entwicklungszone ist als Landschaftsschutzgebiet gesichert. Unter Schutz stehen Mönchgut, die Granitz, das Gebiet um Putbus, die Insel Vilm und die Having, Kaming sowie die Zicker See im Nordteil des Rügenschen Boddens. Für umfassende Auskünfte steht das Amt für das Biosphärenreservat Südost-Rügen in Putbus zur Verfügung. Geführte Wanderungen durch die Ranger des Biosphärenreservates werden regelmäßig angeboten oder können auf besonderen Wunsch durchgeführt werden.

Binz (ⓘ 038393 / 148148), als Fischerdorf „Byntze“ erstmals urkundlich erwähnt, ist das größte Seebad der Insel

Kurhaus Binz

Rügen und liegt an einer der zauberhaftesten Buchten der Insel, der Prorer Wiek. Flankiert von den weitläufigen Waldgebieten der Schmalen Heide und der Granitz, schmiegt sich der Ort im Westen an das schilfumsäumte Ufer des Schmachter Sees, während er im Osten der Ostsee zugewandt ist. 1885 wird Binz offizieller Badeort, was einen Bauboom auslöst. Die ersten Logierhäuser im Villenstil entstehen und legen den Grundstein der sogenannten Bäderarchitektur. Ein Kurhaus und eine Seebrücke werden erbaut und der Ort bekommt einen Kleinbahnanschluss. Heute ist Binz der mondänste Urlaubsort auf Rügen mit einem milden Reizklima und durchschnittlich über 1800 Sonnenstunden im Jahr. Die Strandpromenade ist von zahlreichen, renovierten Villen gesäumt, die den Stil der Gründerzeit gut vertreten. Den Mittelpunkt der Promenade bilden das Kurhaus, der Konzertplatz mit dem Pavillon, die Pergolen und die Wandelhallen sowie die 1994 errichtete Seebrücke, die den 1942 zerstörten Vorgängerbau ersetzt. Die 370 m lange Seebrücke ist Ausgangspunkt für Schiffsfahrten zur Kreideküste und anderen Zielen. Die 4,2 km lange Strandpromenade verbindet Binz mit Prora.

Das bedeutendste Bauwerk BOBBINs ist die gotische Kirche, die um 1400 erbaut wurde und mit einer Kanzel von 1622 und dem Altar aus dem Jahr 1668 ausgestattet ist. In der einzigen Feldsteinkirche Rügens werden in den Sommermonaten auch Konzerte gegeben. Im Hofladen bekommt man ganz frisch alle Erzeugnisse des Hofes Bobbin und weitere regionale Produkte.

gotische Kirche Bobbin

Breeges Hafen

In **Breege** (ⓘ 03839 / 311) befand sich einstmals einer der drei Haupthäfen Wittows. Alte Kapitänshäuser aus dem 18. und 19. Jh. und reetgedeckte Häuser künden von der einstigen Bedeutung des Hafens. In Breege treffen sich heutzutage Segler, Angler und Wassersportler, um auf den ruhigeren Boddengewässern ihrer Leidenschaft zu frönen. Vom Hafen aus kann man u. a. nach Hiddensee schippern.

Die Halbinsel **Bug** ist die südlich von Dranske liegende Sandnehrung. Der südliche Teil des Bugs ist in den Nationalpark Vorpommersche Boddenlandschaft integriert. Der nördliche Teil wurde 1916–1922, 1930–1945 und 1960–1991 als militärischer Stützpunkt genutzt. Seit 2001 ist die ehemalige Militärliegenschaft Privatgrundstück. Fast der gesamte ehemalige militärische Komplex wurde abgerissen. Das an dieser Stelle geplante Tourismuszentrum Bug Baltic Sea Resort liegt wegen nicht geklärter Finanzierungen brach.

Die Halbinsel Bug

Saisonal werden durch das Fremdenverkehrsamt Dranske und die Nationalparkmitarbeiter geführte Wanderungen auf dem Südbug organisiert.

Der „BUSKAM“ ist der größte Findling Mecklenburg-Vorpommerns. Er hat einen Umfang von 40 m, ein Volumen von 200 m³ und wiegt etwa 550 t. Unweit Göhrens, etwa 200 m vor der Küste, ragt der Koloss aus Gneis aus der Ostsee. Früher gab es mal einen alten Brauch, nachdem Hochzeitsgesellschaften zum Buskam gerudert sind und auf ihm getanzt haben. Wegen der starken Strömung am Stein ist es nicht ratsam, ihn anzuschwimmen.

D Das 2008 eröffnete DINOSAURIERLAND unweit Bobbins, hat sich zu einem Kleinod entwickelt. Aber nicht nur die bewegten, 120 lebensgroßen Modelle sorgen für Kurzweil, sondern auch das Steinzeitdorf und allerlei angebotene Aktivitäten. Wo, außer hier, kann man schon ein Saurierskelett ausgraben?

Im Dinosaurierland

Der DOBBERWORTH bei Sagard ist mit einem Umfang von 150 m und einer Höhe von 10 m das größte Hügelgrab Rügens. Dieser von Bäumen bewachsene, markante Hügel ist ein sagenumwobener Ort. Nach der Legende soll seine Entstehung einer Riesin zu verdanken sein, der hier die Schürze gerissen war, in der sie die Steine trug. Außerdem sollen unter dem Hünengrab Gnome hausen, die einen Goldschatz bewachen.

Der sagenumwobene Dobberworth

Die erste urkundliche Erwähnung **Dranskes** (ⓘ 038391 / 89007) stammt aus dem Jahre 1314. Die in einer alten Urkunde geführte Bezeichnung „Dranzeke“ kann man von den wendischen Begriffen „Doronesy“ (Schwarzdorn) oder „Dornycik“ (Schlehdorn) ableiten. Durch seine Lage am Ende der Halbinsel Bug, wurde die Entwicklung des Ortes durch die militärische Nutzung des Bugs ab 1916 geprägt. Zum Aufbau des Seefliegerhorsts der deutschen Luftwaffe, wurde ab 1936 der gesamte Ort bis auf das Schulgebäude abgerissen. Danach entstand eine Militärsiedlung. Die Volksmarine der DDR leitete 1963 die Errichtung eines Schnellbootstützpunktes ein. In Folge dessen entstanden 15 Plattenbauten und Versorgungseinrichtungen. Mit Schließung der militärischen Einrichtungen verlor der Ort dramatisch an Bewohnern. Die meisten der Wohnblocks und einige Gesellschaftsbauten wurden abgerissen. Heute ist Dranske ein kleiner Ferienort und bekannt als das idealste Surfrevier an Rügens Küsten.

Dranske – Strand am Wieker Bodden

Die Feuersteinfelder

F

Die FEUERSTEINFELDER sind eine seltene fossile Küstenbildung. Die Strandwallfächer bestehen aus 14 Geröllwällen, die 90 % Feuerstein und 10 % kristalline Gesteine enthalten. Die 3 m mächtigen Wälle wurden vermutlich vor 3.000 bis 4.000 Jahren, als der Ostseespiegel höher lag, durch starke Sturmfluten aufgeworfen. Dunkelgrüne Wacholderbüsche stehen in einem krassen

Kontrast zu den grauweißen Steinen. Außerdem findet man hier Heidekraut, Wildrosen, Blaubeeren, Bergahorn und Schlehdorn. Auch die streng geschützten Kreuzottern fühlen sich hier wohl. Am Rande des Naturschutzgebietes befinden sich sehenswerte Stechpalmenbestände.

Gager (ⓘ 038308 / 8210) hat einen Fischerei- und Seglerhafen mit einem Anlegesteg für 100 Segelboote, welcher 2006 vollständig saniert wur-

Gager liegt am Fuß der Zickerschen Berge

de. Dieser ist auch Ausgangspunkt für Boddenrundfahrten. Der Tourismus bildet die Haupteinkommensquelle.

Das 1319 erstmals urkundlich erwähnte **Garz** (ⓘ Arndt-Museum 038304 / 12212) ist die älteste Stadt Rügens. Ein Stadtbrand im Jahre 1765 zerstörte den Ort fast vollständig. Seitdem behielt Garz den Charakter eines Marktfleckens. Markantestes Bauwerk von Garz ist der slawische Burgwall südlich des Ortszentrums.

E.-M.-Arndt-Museum in Garz

Er gilt als einer der am besten erhaltenen in Deutschland. Aus der Mitte des 14. Jhs. stammt die spätgotische, evangelische Backsteinkirche „St. Petri“, zu deren Ausstattung u. a. ein besonders schöner Taufstein aus dem 13. Jh. gehört. Eine weitere Besonderheit ist der Patronatsstuhl, welcher an den 1769 in Groß Schoritz geborenen Ernst Moritz Arndt erinnert. Das 1929 eingerichtete Ernst-Moritz-Arndt-Museum ist dem Leben des berühmten Sohnes der Insel gewidmet. In unmittelbarer Nachbarschaft befindet sich das älteste Garzer Wohnhaus – das mit Schilf bedeckte Pfarrwitwenhaus. Die katholische Kirche „Herz Jesu“ ist ein viel jüngerer Bau – sie wurde erst 1913 geweiht. Besonderheit in ihr ist das lebensgroße Kruzifix mit Wundmalen aus Bernstein.

Gellort heißt der nördlichste Punkt der Insel Rügen. Am Steilküstenufer liegt der Söbensniedersteen (Siebenschneiderstein). Der 32 m^3 große Granitfindling soll 90 t wiegen und ist einer der größten Findlinge Rügens. Man sagt, „auf ihm hätten mindestens sieben Schneider bei ihrer Arbeit Platz".

Gingst wurde 1232 erstmals urkundlich erwähnt. Im Mittelalter war Gingst ein Zentrum des Handwerks auf Rügen. Die Geschichte des rügischen Dorfhandwerks des 18. bis 20. Jhs. dokumentieren die Historischen Handwerkerstuben. Das Museum besteht aus zwei Gebäuden, dem so genannten Efeuhaus und einem Rauchhaus aus dem 17. Jh. Werkstätten, Arbeitsgeräte sowie häusliches und bäuerliches Inventar aus dieser Zeit werden vorgestellt. Sachzeugen aus 33 Berufen werden gezeigt, die zu einem großen Teil schon lange nicht mehr ausgeübt werden. Das Museumscafé und ein Laden mit inseltypischen Produkten locken die Besucher ebenso an, wie Samstags der „Grüne Markt". Die spätgotische Dorfkirche wurde nach einem Brand um 1726 im barocken Stil erneuert. Ein Teil der Langhauswand sowie der um 1300

Historische Handwerkerstuben Gingst

entstandene frühgotische Chor blieben erhalten. Zu den wichtigsten Ausstattungsstücken zählt die klassizistische Orgel. Das Taufbecken aus Linden- und Kiefernholz, sowie die Kanzel sind barocke Prunkstücke. Zu erwähnen wäre die von Peter Jaeger geschaffene Plastik „Aufbau von Gingst", welche an den Wiederaufbau des Ortes nach dem Brand von 1950 erinnert.

Das ehemalige Fischerdorf **Glowe** (ⓘ 038302 / 5221) wurde bereits im Jahre 1314 im Pommerschen Urkundenbuch erwähnt. Heute ist die Gemeinde Glowe ein Ostseebad, das seinen Gästen weite Sandstrände bietet. Glowe besitzt mit seinem modernen und großzügig angelegten Wasserwanderrastplatz und Seglerhafen einen besonderen Anziehungspunkt. In einer modernen Mutter-Kind-Kurklinik erholen sich ganzjährig Kurgäste. Wegen der reizvollen Lage an der Schaabe, einer mit Kiefernwald bestandenen Nehrung, sind Baden, Wandern und Radwandern gerade hier zu empfehlen.

Der Name **Göhren** (ⓘ 038308 / 66790) leitet sich vermutlich vom slawischen „gora" (= Berg) ab. 1276 wurde der Ort erstmals urkundlich erwähnt. 1993 wurde die Seebrücke eingeweiht. Hauptanziehungspunkte der angrenzenden Bernsteinpromenade sind der Kurplatz mit dem historischen Kurpavillon (1925) sowie der 2003 angelegte

Die Seebrücke von Göhren

Themengarten im Kurpark. Die Mönchguter Museen bestehen aus einem Ensemble verschiedener Gebäude und dem Plattbodenschiff „Luise", als Zeugnis der Küstenfrachtschifffahrt auf Rügen. Das Heimatmuseum und der Museumshof stellen das Leben der Fischerbauern auf Mönchgut anschaulich dar und zeigen die Entwicklung des Badebetriebes. Das Rookhus ist das älteste Gebäude Göhrens und Beispiel für den rügenschen Zuckerhutstil. In der Kirche gibt es unter anderem Segelschiffsmodelle zu sehen. Hinter der Kirche befindet sich der „Speckbusch“, ein ca. 3.000 Jahre altes Hügelgrab.

Die **Granitz** ist eine bewaldete Hügelkette an der Küste zwischen Binz und Sellin. Das Waldgebiet befindet sich im

Jagdschloss Granitz

Biosphärenreservat Südost-Rügen und enthält mehrere Naturschutzgebiete. Auf dem 107 m hohen Tempelberg befindet sich das Jagdschloss Granitz. Fürst Malte von Putbus ließ es sich in der Mitte des 19. Jhs. anstelle eines Fachwerkhauses erbauen. Der burgähnliche Bau mit den vier runden, zinnenbekrönten Ecktürmen gehört zu den wertvollen Denkmalen Rügens. Der 38 m hohe Turm wurde unter dem Einfluss von Karl Friedrich Schinkel nachträglich im Hof des vierflügeligen Gebäudes eingefügt und dient heute als öffentlicher Aussichtsturm, der einen einmaligen Panoramablick garantiert. Beim Aufstieg zum Turm kann man die sehenswerten 154 Stufen der in durchbrochenen Ornamenten gearbeiteten gusseisernen Wendeltreppe bewundern. Zur musealen Ausstellung gehören der repräsentative Marmorsaal, der Damensalon und das Speisezimmer.

Gross Schoritz ist Ortsteil von Garz. In der kleinen Siedlung erblickte der Dichter

Ernst Moritz Arndt das Licht der Welt. Das in seinem Geburtshaus eingerichtete Ernst-Moritz-Arndt-Museum informiert über dessen Leben und Werk. Die Groß-schoritzer Wiek ist Naturschutzgebiet und im Frühjahr und Herbst ein bedeutender Rastplatz durchziehender Enten und anderer Wasservögel.

In **GROSS ZICKER** findet man ein gut erhaltenes Beispiel für das auf Rügen typische Zuckerhuthaus. Das ehemali-

---

Das Pfarrwitwenhaus

ge Pfarrwitwenhaus wurde 1719/20 im Stil des niederdeutschen Hallenhauses erbaut. Vor dem Haus befindet sich ein typischer Mönchguter Bauerngarten. Wechselausstellungen locken zusätzlich zum Besuch. Die bereits um 1360 errichtete Backsteinkirche ist das älteste, erhaltene Gebäude des Mönchguts. Seine farbigen Fensterscheiben stammen aus dem 16. Jh.

GUSTOW besitzt eine kleine, schlichte, gotische Kirche. Die im 13. Jh. errichtete Pfarrkirche „St. Michaelis“ besitzt wertvolle Wandmalereien (um 1420). Zu den Besonderheiten der Innenausstattung zählen die Triumpfkreuzgruppe (15. Jh.), die Schnitzgruppe „Anna Selbdritt“ (um 1500), der barocke Altaraufsatz, sowie der Taufständer. Die Mordwange – ein Sühnestein von 1510 – nahe des Gotteshauses erinnert an den Prediger Thomas Norenberg, der der Sage nach hier von betrunkenen Bauern erschlagen wurde.

HDer sagenumwobene **Herthasee** ist ein romantisches, stilles, dunkles Gewässer in der Stubnitz. Der Sage nach befand sich hier die Kultstätte der altgermanischen Erdmutter, der Göttin Hertha. An seinem Nordufer befand sich eine slawische Fluchtburganlage, die Herthaburg. Von ihr ist nur noch ein riesiger von Bäumen bewachsener Erdwall zu sehen.

Der Herthasee

Südlich von Baabe befindet sich das 4.000 Jahre alte **Herzogsgrab**. Es ist eines der ältesten Großsteingräber auf der Insel. In ihm fand man rund 40 Skelette aus der Jungsteinzeit und reiche Beigaben.

Die höchste Erhebung der Halbinsel Lebbin heißt **Hoch Hilgor**. Sie erreicht eine Höhe von 43,8 m. Mit dem 15,5 m hohen Grümbke-Aussichtsturm wird an Johann Jacob Grümbke (1771–1849) erinnert. Grümbke leistete einen entscheidenden Beitrag zur Erforschung der rügenschen Geschichte. Sein Hauptwerk „Streifzüge durch das Rügenland" erschien 1805.

J

Die Burgwallanlage der **Jaromarsburg** bei Putgarten erinnert an die früheren Bewohner Rügens. Es handelt sich um die Reste einer ehemaligen slawischen Tempelburg. Die slawischen Ranen erbauten sich diese Festung zu Ehren ihres Gottes Svantovit. Diese Burg galt lange Zeit als uneinnehmbar. Immerhin war sie auf drei Seiten durch steil abfallende Hochufer und auf der vierten Seite durch einen hohen Wall geschützt. Im Jahre 1168 wurde sie dennoch von dänischen Truppen gestürmt und zerstört – mit ihr das Standbild des vierköpfigen Gottes Svantovit. Die zerstörte Burg hat inzwischen das Meer verschlungen. Heutzutage erinnern Skulpturen an Svantovit, die von Künstlern entlang des Pfades durch den Burgwall installiert wurden. Im April 1981 löste sich innerhalb weniger Tage ein 8 m breites Stück des Burgwalls und stürzte in die Tiefe.

Der Ort **Juliusruh** (ⓘ 038391 / 311) verwöhnt mit seinem feinen Sandstrand. 1795 ließ sich Julius Christoph von der Lancken hier ein Landhaus als Sommersitz bauen. Dazu ließ er einen Park im teilweise englischen und französischen Stil anlegen, der auch heute noch zum Spazieren einlädt. Breeger Reedern, Kaufleuten und Gastwirten ist es zu verdanken, dass sich 1883 ein Badeverein grün-

Strandplatz in Juliusruh

dete. Damit legten sie den Grundstein für einen neuen Zweig des Broterwerbs, der sich im Laufe der weiteren Zeit prächtig entwickelte – der Fremdenverkehr. Die nachgewiesene lange Sonnenscheindauer und ein langer Strand sind Garant für diese Entwicklung bis in die heutige Zeit.

K

Die bekanntesten Bauwerke KAP ARKONAs sind die beiden Leuchttürme. Mit Lichtsignalen wurden und werden die Seeleute vor dem weit ins Meer ragenden Riff gewarnt. Den älteren und kleineren erbaute man 1826–29 nach den Plänen von K. F. Schinkel anstelle einer hölzernen Feuerbarke. Er ragt 19,3 m hoch. Zwei gusseiserne Treppen führen zu einer Plattform, die eine phantastische Rundsicht ermöglicht. In der ersten Etage informiert eine Ausstellung zu Schinkels Bauten in Pommern und insbesondere auf Rügen. In den anderen Räumen ist eine Ausstellung zur Landschaft und zur Geschichte Wittows untergebracht. Auf dem Turm kann man auch

heiraten. Der jüngere Leuchtturm ist seit dem 2. Dezember 1902 ununterbrochen in Betrieb. Er wurde 35 m hoch gebaut und erreicht damit eine Feuerhöhe von 75 m. Sein Licht ist im Umkreis von 23 sm (ca. 40 km) zu sehen. Im alten Leuchtturmwärterhaus befinden sich Sonderausstellungen zur Schifffahrtsgeschichte, zum Seenotrettungswesen u. a.

In **Karnitz** ließ Guido von Usedom, der später in den Grafenstand erhoben wurde, in der ersten

Kap Arkonas Leuchttürme

Hälfte des 19. Jhs. ein Jagdschloss im Stil der Tudorgotik errichten. Unweit davon befindet sich heute ein Golfplatz.

Das Gutshaus Kartzitz

In **Kartzitz** befindet sich das einzige noch erhaltene barocke Gutshaus Rügens. Es wurde 1750 als Herren- bzw. Kavaliershaus erbaut und war bis Ende des 19. Jhs. im Besitz der Familie von Usedom, deren Stammsitz Kartzitz war. Das Haus ist von einem 7 ha großen englischen Landschaftspark umgeben. Gut und Park wurden zu DDR-Zeiten wenig gepflegt und der Park verwilderte. Der neue Eigentümer hat im Gutshaus stiltypische Ferienwohnungen einrichten lassen und der wiederhergerichtete Park steht Besuchern für Spaziergänge und zur Erholung offen.

Die Dorfkirche „St. Jacob" von **Kasnevitz** stammt aus der zweiten Hälfte des 14. Jhs. Der Chor und die Sakristei sind die ältesten erhaltenen Bauteile der Kirche. Der Kanzelaltar von 1746 ist eine Arbeit von Johann Artmers. Erwähnenswert sind die sechs erhalten gebliebenen Wappenscheiben in einem der Chorfenster (16.–18. Jh.).

Dorfkirche „St. Jacob" in Kasnevitz

Der industrielle Kreideabbau auf Rügen begann mit dem Gelehrten und Schlämmkreideproduzenten Friedrich von Hagenow, der 1832 das Nutzungsrecht der KREIDEBRÜCHE bei Sassnitz erhielt. In der ersten Hälfte des 20. Jhs. wurden dann in mehreren Abbaustellen über eine halbe Million Tonnen Kreide auf Jasmund gefördert. Nach dem Zweiten Weltkrieg wurden 19 verschiedene Kreidewerke zu einem Großbetrieb zusammengelegt, der im Jahre 1962 in Klementelvitz ein Kreidewerk in Betrieb nahm. Das 1993 privatisierte Unternehmen wurde modernisiert und produziert heute noch.

Um 1914 wurde in Wiek der Kreidehafen mit einer imposanten **Kreideverladebrücke** gebaut, die als Baudenkmal 2014 saniert wurde. Das Projekt gehörte zu einer geplanten Kleinbahn Altenkirchen–Arkona. Man zielte dabei vor allem auf den Güterverkehr, da die Portland-Cementfabrik Züllchow beabsichtigte, am Kap Arkona Kreide abzubauen. Durch Krieg und Inflation wurde der Bau der Gleisstrecke verschoben. Als es dann endlich losgehen sollte, wurde das Gebiet zum Landschaftsschutzgebiet erklärt. Damit war das Projekt vom Tisch.

Kreideverladebrücke in Wiek

Das **Kreidemuseum Gummanz** informiert über die Rügener Schreibkreide. Angefangen von dem natürlichen Stoff, der Förderung bis zur Verarbeitung zu den verschiedenen Endprodukten. Darüber hinaus ist die Kreide als Fundstätte bemerkenswerter Fossilien dokumentiert. Neben der Ausstellung gehören noch eine Freilichtausstellung und ein sehenswerter Naturlehrpfad zum Museum.

Der **Königsstuhl** ist ein fast senkrecht stehender Kreidepfeiler. Er ist härter als seine Umgebung und ragt freistehend aus der Steilküste hervor. Aus einer Höhe von 118 m ergibt sich von der Spitze des Kreidefelsens ein unvergleichlicher Rundblick auf die Kreidesteilküste von Stubbenkammer und eine oft türkisfarbene Ostsee. Vom Königsstuhl erzählt man die Sage: „Bei der Königswahl musste der mutigste Bewerber der Insel von der Seeseite her den Kreidefelsen emporsteigen. Hatte er das geschafft, durfte er sich auf einen aus Steinen errichteten Stuhl setzen und war damit zum König erwählt."

In **Kuhle** lädt die älteste Kneipe auf Rügen ihre Gäste ein. Den Schifferkrug gibt es schon seit 1455. Damals war er ein Postgasthof. Gleich nebenan befand sich eine Schmiede. Von hier führte die Postlinie zum Posthafen am Südbug, von wo es dann weiter nach Schweden ging. Seit 2013 empfängt die Gaststätte ihre Gäste im neuen Gewand.

Der Schifferkrug in Kuhle

L In LANCKEN-GRANITZ ist eine Kirche aus dem 15. Jh. zu bewundern. Südwestlich des Ortes, in der Nähe von Dummertevitz, befindet sich das Großsteingrab „Ziegensteine". Um Lancken-Granitz besteht die größte Ansammlung von Großsteingräbern auf ganz Rügen. Außerdem ist das Fachwerk-Pfarrhaus aus dem 18. Jh. sehenswert.

In LAUTERBACH ließ Fürst Malte von Putbus die erste Seebadeanstalt Rügens errichten. Der Grundstein für das klassizistische „Friedrich-Wilhelm-Bad" wurde 1817 gelegt. Die ursprünglich hölzernen Säulen der Arkaden des Badehauses Goor ließ der Fürst 1830 durch 18 gemauerte Säulen in dorischem Stil ersetzen. Im Badehaus erholten sich im 19. Jh. die illustren Gäste der Fürstenfamilie aus dem deutschen Hochadel beim Bad in mit angewärmtem Seewasser gefüllten Wannen aus Carraramarmor, bevor sie sich zur abendlichen Unterhaltung zum Kursalon kutschieren ließen. Das Bade-

Das Badehaus Goor in Lauterbach

haus ist inzwischen zum Hotel ausgebaut und erweitert worden. Im Hafen entstand eine moderne Marina. Von hier fahren auch Fahrgastschiffe, vor allem zur Insel Vilm.

Das einstige Fischerdorf LOHME liegt am nördlichen Rand der Stubnitz an einer 60 m hohen Steilküste, Der bereits 1906 angelegte Fischerhafen wurde 1997 zum Jachthafen ausgebaut. Seit 1884 gehört Lohme zu den Kur- und Badeorten. Seine reizvolle Lage machte den Ort schon in den 1920er-Jahren sehr beliebt. 2005 kam Lohme in alle Schlagzeilen, weil ca. 100.000 m³ Steilküste abbrachen und den Hafen zum Teil verschütteten. Danach wurden umfangreiche Hangsicherungsarbeiten durchgeführt und nicht mehr nutzbare Häuser abgerissen.

LIETZOW entwickelte sich einst aus einem Fährhaus der Jasmundischen Fähre, die hier die Verbindung zwischen großen und kleinen Bodden überbrückte. Der lange Damm, über den heute die wichtige Bahnstrecke nach Sassnitz und die B 96 führen, wurde 1868 errichtet. Im Jahre 1891 entstand auch das am Hang liegende Schlösschen, das sich der Eisenbahntechniker Bopp errichten ließ. Heute ist der kleine Urlauberort mit dem flachen Sandstrand am Großen Jasmunder Bodden vor allem bei Familien mit Kindern beliebt. Im Gemeindebereich befinden sich bedeutende Fundstätten von Artefakten aus dem Neolithikum

Das „Schlösschen" in Lietzow

(Jungsteinzeit). Diese werden auch unter dem Namen Lietzow-Kultur geführt Umfangreiche Grabungen brachten eine Fülle von Werkzeugen zu Tage, so dass man von einer Produktion im großen Stile sprechen kann. Der Besucher kann dazu eine kleine informative Ausstellung im Gemeindehaus besichtigen.

Nördlich von **Lobbe** steht unweit der Straße ein Schöpfwerk, das mit Windkraft betrieben wird. Man errichtete es 1900 und konnte damit eine Fläche von ungefähr 5 km^2 entwässern. Heute ist die „Windrose“ als Technisches Denkmal geschützt.

M In **Middelhagen** (ⓘ 038308 / 66010) sollte man sich zunächst die Backsteinkirche ansehen, die 1455 von den Zisterziensern erbaut wurde. In

Mönchgutkeramik in Middelhagen

ihr befindet sich ein wunderschöner, spätmittelalterlicher Schnitzaltar. Das Schulmuseum berichtet über die Bedingungen, unter denen früher auf Rügen Lesen und Schreiben gelehrt wurde. Im Ort wird auch die beliebte Mönchgutkeramik hergestellt.

Der Name MÖNCHGUT weist uns auf die Geschichte des südöstlichen Inselzipfels hin: 1252 erwarb das Zisterzienserkloster Eldena bei Greifswald das Land Reddevitz, 1360 dann das Land Zicker. Das gesamte Gebiet war fortan „Das Gut der Mönche" also Mönchgut. Ein vermutlich bereits von den Slawen angelegter Wallgraben (Mönchgraben) zwischen Sellin und Baabe trennte das Mönchgut vom Rest der Insel Rügen. Die Mönche holten niedersächsische Siedler ins Land, gründeten Hagendörfer und betrieben planmäßigen Ackerbau. Die Mönchguter hatten eine eigene Tracht und sprachen lange Zeit ihren eigenen Dialekt.

Seit 1986 ist der Fährhafen **Mukran** (ⓘ 038392 / 55111) in Betrieb. Gebaut wurde er Anfang der 1980er-Jahre, als die Streikbewegung der polnischen Gewerkschaft „Solidarność" den Güterverkehr durch Polen lahm legte. Mukran–Klaipėda, eine solche Eisenbahnfähre sollte den damals wirtschaftlich bedeutsamen Handel zwischen der DDR und der Sowjetunion störungsunanfällig gestalten. In den 1990er-Jahren wurde der Hafen weiter ausgebaut und neben Schienengüterverkehr auch für die Personenschifffahrt umkonzipiert. Damit wurden die internationalen Fährverbindungen vom Stadthafen Sassnitz nach Neu Mu-

Im Fährhafen Sassnitz-Mukran

kran verlegt und sogar noch erweitert Seit 2016 firmiert der Hafen als Mukran Port und ist einer der Endpunkte der neuen Seidenstraße.

N

Der **NATIONALPARK JASMUND** (ⓣ 038392 / 35011-22) umfasst die Kreidesteilküste, die Buchenwälder Hoch-Jasmunds und den gesamten vorgelagerten Abschnitt der Ostsee. Auf nur ca. 3.070 ha trifft man hier auf unterschiedlichste Naturräume: Wälder, aktive Kliffhänge, Quellen, Bäche, Seen, verschiedenartige Moorbildungen und die Flachwasserzone der Ostsee. Auch der westlich des Stubnitzwaldes gelegene, vom Kreideabbau geprägte Bereich mit auflässigen Kreidegruben, Gewässern, Feuchtwiesen und Trockenrasen gehört dazu. Der Nationalpark soll die einzigartige Kreidelandschaft bewahren und den ungestörten Ablauf aller Naturprozesse, von der Wald- und Moorentwicklung bis zur Dynamik der aktiven Steilufer, gewährleisten und den Menschen nahe bringen. Prägend sind die naturnahen Rotbuchenwälder der Stubnitz, die, begünstigt durch das relativ feuchte Klima, seit etwa 800 Jahren die dominierende, natürliche Waldform sind. Heute zählen sie zum UNESCO-Weltnaturerbe. Bemerkenswert sind auch die Großsteingräber, Hügelgräber und slawischen Burgwälle als Zeugnisse der ur- und frühgeschichtlichen Besiedlung.

Das NATIONALPARK-ZENTRUM KÖNIGSSTUHL (ⓘ 038392 / 66170) lädt seine Besucher zum Rundgang durch Raum und Zeit ein. Man kann nachvollziehen, wie es im Kreidemeer aussah, als unzählige kleine Organismen lebten, die unsere heutige Kreide entstehen ließen. Während der Eiszeit schoben sich mehrmals gewaltige Eismassen auch über dieses Gebiet. Gletscher anfassen? Kann man hier. Der Besucher soll mit allen Sinnen für die Natur sensibilisiert werden und das gelingt auf sehr interessante und spannende Weise.

Eingang zum Nationalparkzentrum Königsstuhl

Das NATURERBE-ZENTRUM RÜGEN wurde 2013 am Standort des historischen Forsthauses Prora eröffnet. Kernstück ist ein Baumwipfelpfad, der neben dem Umweltinformationszentrum seine Gäste erwartet. Von einem 40 m hohen Aussichtsturm hat man einen phantastischen Blick auf die Baumriesen der Region.

NEUENKIRCHEN ist der größte Ort, der von Boddengewässern umgebenen Halbinsel Lebbin. Weithin sichtbar ist die altehrwürdige Dorfkirche aus dem 15. Jh. In ihr befindet sich die älteste, 1367 gegossene Kirchenglocke Rügens.

Neddesitz hat in den vergangenen Jahren sein Bild völlig verändert. Ein Hotel- und Freizeitkomplex mit vielfältigen Angeboten lädt zum Verweilen ein. Erwähnenswert ist die Jasmundtherme – eine Badelandschaft mit Außenbecken von 900 m^2 Fläche. Am Fuße des Taubenberges befindet sich das restaurierte, historische Gutsherrenhaus mit Gutsschänke.

Das Gutshaus Neddesitz ist heute ein Hotel

Bei Neukamp wurde 1854 auf einer kleinen Anhöhe ein Denkmal zur Erinnerung an die Seelandung des „Großen Kurfürsten Friedrich Wilhelm" mit seinen verbündeten Truppen des Dänenkönigs Christian V. im Jahre 1678 an dieser Stelle aufgestellt. Das Standbild des Großen Kurfürsten musste Anfang der 1990er-Jahre aus Sicherheitsgründen zum Restaurieren entfernt werden. Seit 2012 steht das Denkmal wieder.

In Patzig befindet sich eine mittelalterliche Backsteinkirche mit Feldsteinsockel, in der einer der ältesten Rügener Taufsteine aus rötlichem Granit (Mitte 13. Jh.) bewahrt wird. Bei den zahlreichen Hügelgräber im Bereich der Woorker Berge handelt es sich um das größte zusammenhängende Hügelgräberfeld Norddeutschlands.

Die Piratenschlucht bei Sassnitz ist ein alter Uferausbruch. Der Sage nach soll der Freibeuter Störtebeker hier Schätze verborgen haben.

In **Prora** entstand in den 30er-Jahren des 20. Jhs. eine Ferienanlage, die als Vorläufer des Massentourismus angesehen werden kann. Mit der „Kraft-durch-Freude"-Bewegung sollten, entsprechend der Nazi-Ideologie, Bevölkerungsschichten, die sich bis dahin keinen Urlaub leisten konnten, die Möglichkeit haben, in den Urlaub zu fahren. Aus dem „Bad der Zwanzigtausend" wurde aber nichts, mit Kriegsbeginn stellte man die Bautätigkeit ein. Nach dem Krieg bezog die NVA das 7 km lange und 500 m breite Areal. Heute ist Prora wieder zugänglich und beherbergt verschiedene Einrichtungen, wie das Oldtimer Museum Rügen, ein Auto- und Eisenbahnmuseum mit einer beachtlichen Menge an Fahrzeugen. Die fünf Blöcke sind inzwischen an Investoren verkauft. Hotels, Jugendherberge, Informationszentrum und Dauerwohnungen sind hier entstanden, oder werden in der nächsten Zeit entstehen. Anziehungspunkt ist das 2013 eröffnete Naturerbezentrum Rügen mit dem Baumwipfelpfad.

Die **Prosnitzer Schanze** an der Südspitze der durch die Bucht Kemlade geformten Landzunge ist eine Schanzenanlage aus der Schwedenzeit, die von den Franzosen 1812 erweitert wurde.

Putbus (ⓣ 038301 / 431), „die weiße Stadt", ist seit dem Mittelalter Familiensitz der Rügener Adelsfamilie gleichen Namens. Wilhelm Malte zu Putbus (1783–1854) ließ in der ersten Hälfte des 19. Jhs. mit Unterstützung des Berliner Architekten J. D. Steinmeyer den Ort Putbus im klassizistischen Stil errichten: eine zu je-

Markt Ensemble in Putbus

ner Zeit sehr moderne Ortsanlage. Wenn auch das Putbuser Schloss nicht mehr existiert, ist der Besuch des Ortes jedem Rügenbesucher anzuraten. Sehenswert ist nicht nur der Circus mit den um einen Obelisken im Kreis angeordneten Häusern. Eine Besonderheit ist auch der schöne Park im englischen Stil mit zahlreichen seltenen Gehölzen und dem Wildgehege. Zu den interessanten Gebäuden der Stadt zählen die Kirche im ehemaligen Kursalon, die ehemalige Orangerie mit wechselnden Kunstausstellungen, sowie der Marstall. In Putbus befindet sich auch das einzige Theater auf Rügen, das nach umfangreichen Restaurierungsarbeiten seit 1999 wieder mit einem erlesenen Programm um Besucher wirbt.

Putgarten (ⓘ 038391 / 13037) findet man 1314 in einer Steuerliste eines Ritters von Braunschweig erstmals als „Putgarde" erwähnt. Hier befindet sich die erste Seenotrettungsstation Deutschlands. Sie wurde im Jahre 1895 gegründet. Anziehungspunkt Putgartens ist heute der Rügenhof, ein ehemaliger Gutshof. Hier wurde eine Kunst- und Handwerkskolonie errichtet, wo man auch viele für Rügen typische Produkte kaufen kann. In der Saison finden diverse Veranstaltungen statt.

R

RALSWIEK ist vor allem durch seine Freilichtbühne mit den alljährlich stattfindenden Störtebeker-Festspielen bekannt. Die Geschichte des berühmten Seeräubers aus dem 14. Jh. wurde

Schloss Ralswiek

von Kurt Barthel (1914–1967) in eine bühnenreife Ballade getextet. In der eigens dafür errichteten Naturbühne, die den Jasmunder Bodden mit einbezog, wurde 1959 das Spektakel mit fast 2.000 Mitwirkenden vor etwa 10.000 Besuchern uraufgeführt. Seit August 1993 finden die Festspiele wieder regelmäßig statt. Das den Loire-Schlössern nachempfundene Schloss Ralswiek ließ Graf Douglas erbauen, der sich 1891 auf Rügen eingekauft hatte. Das im Krieg unversehrt gebliebene Gebäude wurde dann vor allem als Pflegeheim genutzt. Heute wird das Schloss als Hotel betrieben. Ralswiek ist als Ausflugsziel und Sportboothafen beliebt. Der Ort hat besonders in den 60er-/70er-Jahren des 20. Jhs. durch die Funde slawischer Boote und die Ausgrabung einer Siedlung aus der Slawenzeit (9./10. Jh.) Aufsehen erregt.

An den alten „Landwegen" von Altefähr nach Arkona und Mönchgut entstand bereits 1246 der Ort **Rambin** den sich im 14. Jh. der Herzog von Pommern, das Kloster „St. Jürgen“ und das Pastorat teilten. Von dem einstigen Kloster sind lediglich die Kapelle, drei Wohngebäude und der Klosterpark erhalten geblieben. In der denkmalgeschützten Anlage finden nun Ausstellungen und Vorträge statt. Die heutige Pfarrkirche „St. Johannes“ wurde im 14. Jh. errichtet. Zu ihren besonderen Ausstattungselementen gehören eine Taufbecken (13. Jh.), das hölzerne Tonnengewölbe (um 1700), großflächige, barocke Wandmalereien, die Renaissanceempore sowie zwei

Fenster vom ehem. Kloster Rambin

Schiffsmodelle (um 1820). Eine moderne Attraktion ist die „Alte Pommernkate", ein Bauernmarkt der täglich viele Liebhaber regional typischer Waren anzieht.

Die Schmalspurbahn **Rasender Roland** (ⓘ 038301 / 8840-9) mit einer Spurweite von 750 mm nahm 1895 auf der ersten Teilstrecke zwischen Binz und Putbus ihren Dienst auf. Dieses fast 130 Jahre alte, aktive technische Denkmal lässt nicht nur die Herzen der Eisenbahnfreunde höher schlagen. Zu Beginn des 20. Jhs. verkehrten sogar zwischen Putbus und Binz Theaterzüge. Sie brachten die Zuschauer in die Abendvorstellung und anschließend wieder nach Hause. Sogar einen Küchenwagen bot diese Bäderbahn. Damit war sie die einzige deutsche Schmalspurbahn mit einem Angebot an warmen Mahlzeiten. Die gesamte Bahnanlage, einschließlich der erhaltenen Lokomotiven und Wagen, steht heute unter Denkmalschutz. Um die 1.500 Menschen befördert der Rasende Roland

Der Rasende Roland

immer noch im täglichen Schnitt bei einer Höchstgeschwindigkeit von 30 km/h. Für die fast 25 km lange Strecke von Putbus über Binz nach Göhren braucht die Bahn rund 1 ¼ Stunden.

Der 1936 erbaute **Rügendamm** löste die bereits seit 1240 bestehende Fährverbindung zwischen Stralsund und der Insel

Strelasundquerung mit Schrägseilbrücke

Rügen ab. Der erste Abschnitt über den Ziegelgraben bis zum Dänholm ist mit einer 28 m langen Klappbrücke versehen, die zur Gewährleistung der Schifffahrt gehoben und gesenkt werden kann. Östlich der alten Festungsinsel Dänholm schließt sich die 540 m lange Sundbrücke an. Vom insgesamt 2.540 m langen Rügendamm bieten sich nach beiden Seiten schöne Ausblicke. 2007 wurde die zweite Strelasundquerung, die Rügenbrücke, eingeweiht. Das Kernstück der insgesamt 4.100 m langen Querung bildet ein rund 2.830 m langes sechsteiliges Brückenbauwerk, das parallel zum Rügendamm verläuft. Ingenieurtechnisch herausragend ist die 583 m lange Schrägseilbrükke, die den Ziegelgraben zur Freihaltung der Schifffahrt stützenfrei überspannt. Mit seinem 128 m hohen Pylon bildet dieses Bauwerk den architektonischen Höhepunkt des Brückenzugs, der als das „neue Tor nach Rügen" zu einem weiteren Wahrzeichen geworden ist.

Die eisen- und kohlesäurehaltigen Quellen von SAGARD (ⓘ 038302 / 2846 privat) waren 1750 bereits Ziel der ersten Badegäste auf Rügen. Die Brüder Willich gründeten 1794 die „Brunnen-, Bade- und Vergnügungsanstalt" in der Brunnenaue. Diese, inzwischen denkmalgeschützte, Parkanlage wurde restauriert und erstrahlt in neuem Glanz. Der historische Ortskern mit der Backsteinkirche aus dem 13. Jh. lädt zum Verweilen ein. Mit ein bisschen Glück kann man den Klängen der Barockorgel (1795) lauschen.

Sassnitz (ⓘ 038392 / 6490), die nördlichste Stadt Mecklenburg-Vorpommerns war im 19. Jh. Rügens bedeutendster Badeort. Berühmte Badegäste der Vergangenheit waren u. a. Brahms und Fontane, auch kaiserliche Hoheiten gaben sich die Ehre. Heute wird Sassnitz durch den Stadthafen und Fährhafen in Mukran geprägt. Die Entwicklung wurde mit dem Bau der Eisenbahnlinie Bergen–Sassnitz (1891) eingeleitet. Die Fährverbindung Sassnitz–Trelleborg wurde dann im Jahre 1897 als Postdampferlinie und 1909 als Eisenbahnfähre eröffnet. Seitdem ist der Andrang ungebrochen. 1998 wurde die Fährverbindung vom Stadthafen nach Neu Mukran verlegt. Die 1897 eröffnete „Königslinie" zwischen Sassnitz und Trelleborg ist die kürzeste Verbindung zwischen Deutschland und Schweden. Benannt wurde Sie nach den Königen von Preußen und Schweden. Die Linie ist ein Erfolg. Ein großer Teil der skandinavischen Exporte in Richtung Europa wird in Sassnitz um-

Blick zur Sassnitzer Altstadt

geschlagen. Schwedische und deutsche Fähren sind ständig auf der 107 km langen Strecke unterwegs, die sie in weniger als vier Stunden bewältigen können. 123 Jahre später stellte die Königslinie, wegen zu geringer Auslastung, im April 2020 eingestellt. Bereits im September des gleichen Jahres wurde eine Schnellfähre von Mukran Port nach Yastad eingerichtet, die die Fahrzeit auf 2 ½ Stunden verkürzt. Im Hafenmuseum wird die Entwicklung der Stadt Sassnitz zu einer bedeutenden Fähr- und Fischereistadt dargestellt. In den letzten Jahren hat die Stadt sich sehr dem Hafen zugewendet. Eine imposante 274 m lange Hochbrücke verbindet das Stadtzentrum mit der neuen „Flaniermeile" im Stadthafen. Kleine Kneipen und Souvenirgeschäfte erwarten ihre Gäste, Kutterkapitäne laden Touristen zu Fahrten zu den Kreidefelsen ein, Kneipenkutter locken mit frisch geräuchertem Fisch und anderen Leckereien. Die 1,4 km lange Mole lädt zum Spazierengehen ein. Manches in historischer Bäderarchitektur erbaute Gästehaus hat die Zeiten überdauert und wurde vorbildlich restauriert. Sehenswert ist auch das Schmetterlingshaus.

Schaprode ist das Tor zur Insel Hiddensee. Hier legen die meisten Fähren nach Hiddensee ab. Hiddenseebesucher müssen ihr Auto hier stehen lassen. In Schaprode befindet sich eine alte Dorfkirche aus dem 13. Jahrhundert. Die barocke Innenausstattung ist ein Merkmal dieser spätromanischen Backsteinbasilika. An der Kanzel befinden sich Bildnisse von Luther und Bugenhagen. Die schilfumsäumten Ufer von Schaprode sind ein wahres Paradies für jeden Hobbyangler. In den Mooren der Boddenlandschaft, sowie in den Wiesen fühlt sich unter den Vögeln besonders der Kiebitz wohl.

Das rote **Schloss Spycker** wurde im 16. Jh. für die Familie von Jasmund erbaut. Nach dem Dreißigjährigen Krieg wurde es für den schwedischen Marschall Carl Gustav Wrangel, der Oberbefehlshaber der schwedischen Truppen war, umgebaut. Auf ihn gehen auch die kostbaren Stuckdecken zurück. Im

Schloss Spycker

Jahre 1676 kam Wrangel im Schloss auf mysteriöse Weise ums Leben und das Schloss galt fortan als Spukschloss. Heute beherbergt das Haus ein Hotel mit einer romantischen Gaststätte in den alten Kellergewölben.

Im seichten Gewässer vor der Steilküste Lohmes liegt der **Schwanenstein**. Bei einem Volumen von 54 m³ bringt es der Koloss auf 151 t. Damit steht er zwar nur an 3. Stelle der Findlinge Rügens, dafür ist der rote Granitblock mit seiner gleichmäßigen Form aber der schönste.

Der Name des Ostseebades **Sellin** (ⓘ 038303 / 160) stammt aus der Zeit, als Slawen Rügen bewohnten. Vermutlich ist der Name vom slawischen „zeleny" (=grünes Land) abgeleitet. Das kleine Bauerndorf am Selliner See wurde im Jahre 1295 erstmals urkundlich erwähnt. Heutzutage ist Sellin für seine – nach der Wende wieder restaurierte – über 120-jährige Bäderarchitektur bekannt.

Selliner Seebrücke

Die bewaldeten Höhenzüge der Granitz geben nach Norden und Osten Schutz gegen Wind und Wetter. Im Süden schließt sich der Selliner See mit Ausfahrt zum Greifswalder Bodden an. Von der neuen Seebrücke aus kann man mit den Bäderschiffslinien Ausflüge zu den benachbarten Badeorten oder zum Kreidefelsen unternehmen. Am Seebrückenanleger befindet sich auch die Tauchgondel mit der man den Meeresgrund erkunden kann. Getreu dem Motto: „Eintauchen –

Abtauchen – Auftanken" hält das Freizeitbad „Inselparadies" mit seiner 600 m^2 großen Wasserfläche zahlreiche Attraktionen bereit.

Der beeindruckendste Teil der Jasmunder Kreideküste ist die STUBBENKAMMER mit ihren rund 100 m hohen Uferwänden. Der Name leitet sich aus dem Slawischen ab und bedeutet soviel wie Stein im Stufenland.

Die Kreideküste von Stubbenkammer

Die Stubnitz ist ein großes, zusammenhängendes Waldgebiet im Osten der Halbinsel Jasmund, das den größten Teil des Nationalparkes Jasmund ausmacht. Neben der dominierenden Rotbuche sind vor allem im Bereich von bodenfeuchten Bachtälern und Quellmulden Eschen und Erlen in größerer Zahl anzutreffen. Im Frühjahr, wenn ein blühender Teppich aus Leberblümchen und Anemonen den Boden bedeckt und die Buchen zarte grüne Blätter tragen, ist die Stubnitz besonders reizvoll.

In Swantow, was im Slawischen so viel wie „Heiliger Berg" bedeutet, entstand eine der ersten Kirchen auf Rügen. Von der Ursprungskirche blieben jedoch keine Reste erhalten. Die heutige Backsteinkirche „St. Stephanus" wurde 1469 errichtet. Der quadratische Fachwerkturm kam nach 1500 hinzu. Bemerkenswert sind Reste mittelalterlicher Bemalung und die freistehende, als Kanzelträger fungierende, Petrusfigur (1705). Zwischenzeitlich über 150 Jahre als Getreidelager genutzt, wurde die Kirche 1979 wieder geweiht und teilweise mit neuerem Inventar ausgestattet. Ihre vorzügliche Akustik lässt die während der Sommermonate veranstalteten Abendkonzerte zu einem besonderen Musikgenuss werden.

T Der Name THIESSOW (ⓘ 038308 / 8280) ist slawischen Ursprungs und bedeutet „Eibenort“. Bis in das Jahr 1632 reicht die Geschichte des Lotsenwesens in Thiessow zurück. Im Jahre 1859 wurde Thiessow Hauptlotsenstation und nahm einen ungeahnten Aufschwung. Die kleine Lotsenausstellung in der historischen Lotsenwache erzählt davon. Seit Jahrhunderten ernähren sich die Bewohner vom Fischfang und Ackerbau, um überleben zu können. Manchmal kann man den Fischern bei der Arbeit zusehen. Seit 1884 zieht es Badegäste in den von drei Seiten vom Meer umspülten Ort, der zugleich der niederschlagsärms-

Im Fischereihafen von Thiessow

te an der ganzen Ostseeküste Mecklenburg-Vorpommerns ist. Der feinsandige, weiße Strand zwischen Thiessow und Lobbe erfreut sich großer Beliebtheit. Und der Weststrand zwischen Thiessow und dem kleinen Ortsteil Klein Zicker gilt als Eldorado für Surfer. Vom Aussichtsturm auf dem Lotsenberg hat man einen weiten Blick über Land und Meer.

Die Kirche von **Trent** wurde 1318 erstmals urkundlich erwähnt. Der um 1400 erbaute Chor steht schräg zur Mittelachse der Kirche. 1602 wurde ein wuchtiger dreistöckiger Turm mit barocker Haube angefügt. Sehenswert ist der lutherische Beichtstuhl von 1754, der in Form einer Gartenlaube gehalten wurde. Außerdem gibt es dort ein Taufbekken aus dem 14. Jh.

U Die Insel **Ummanz** gab der ganzen Gemeinde den Namen, auch wenn es keinen Ort Ummanz gibt. Neben

Ummanz von südost aus gesehen. Im Hintergrund Süd-Hiddensee und die Insel Bock

der Halbinsel Lieschow und mehreren kleineren Inseln ist Ummanz mit ihren 20 km² die größte Insel im Westen Rügens. Erst ab dem Jahre 1901 gab es eine Holzbrücke nach Rügen und ab 1954 eine massive Betonbrücke. Die Ummanzer lebten traditionell von Landwirtschaft und Fischerei. Heute steht der Tourismus im Vordergrund. Ummanz ist eine ideale Insel zum Radfahren und Reiten.

V

Die VICTORIA-SICHT in der Stubbenkammer ist nicht ganz so hoch und nicht ganz so berühmt wie der Königsstuhl, aber genauso schön. Von hier kann man den einzigartigen Blick auf den Königsstuhl genießen. Die Klippenformationen der Victoria-Sicht soll das Motiv des berühmtesten Gemäldes von Caspar David Friedrich sein.

Die Insel VILM soll 1304 durch eine Sturmflut die Verbindung zur Kerninsel verloren haben. Das Gebiet unterliegt

Ostufer der Insel Vilm

dem Naturschutz und darf nur im Rahmen von Führungen besucht werden. Die einsamen Strandflecken und verschilften Boddenufer sind ideale Brutgebiete für seltene Vogelarten. Die See- und Wasservögel sind während ihrer Brutzeit an wenigen Punkten entlang der Küste konzentriert. Die Gebäude des ehemaligen Feriendorfes der DDR-Politiker werden heute von der Internationalen Naturschutzakademie zu Tagungen und

Beratungen genutzt. Im „Urwald" auf Vilm wachsen riesige Eichen, Buchen, Weißdorn, Wildbirne, Holzapfel und lianenartige Pflanzen.

In **Vilmnitz** steht eine der ältesten Kirchen Rügens. Vom Mittelalter bis zur Mitte des 19. Jhs. wurden die Mitglieder der Familie zu Putbus hier bestattet. Den Altar stifteten laut einer Inschrift im Jahre 1903 mehrere Brüder der Familie zu Putbus. Vier prächtige Renaissance-Epitaphien und zwei große Sandsteinsarkophage gehören neben anderen interessanten Stücken zur reichen Ausstattung der Kirche. In den Sommermonaten finden regelmäßig Konzerte in der Kirche statt.

Vitt liegt vor Wind und Wetter geschützt in eine Liete geschmiegt. Lieten nennt man die vom Meer ausgespülten Schluchten am Hochufer. Die 13 reetgedeckten, von der UNESCO unter Schutz gestellten Häuser, bieten einen male-

Vitter Kapelle

rischen Anblick. Der Name Vitt leitet sich vom Begriff „Vitt" her, der Markt, Handelsplatz, Umschlagort für Kaufleute bezeichnete. Auf Rügen gab es im 14. Jh. drei solcher Fischhandelsplätze, die „Vitten". Die „grote Vitte up Wittow" war anfangs nur während der Fangsaison bewohnt. Hier wurde der frisch gefangene Fisch gesalzen, verpackt und abtransportiert. Natürlich handelte man nicht nur mit Fisch, sondern auch mit Salz, Getreide, Honig und Bernstein.

Der Hafen von Vitt ist heute noch ein gern besuchter Ausflugsort. Die hübsche, achteckige Vitter Kapelle oberhalb des Ortes wurde 1806 fertiggestellt. Ihr Entstehen ist Pastor Gotthard Ludwig Kosegarten zu danken. Die Bauentwürfe stammen von Karl Friedrich Schinkel. Otto Philipp Runge malte das unvollendet gebliebene Altarbild (Petri Errettung aus Seenot oder der sinkende Petrus), dessen Original in der Hamburger Kunsthalle ausgestellt ist. 1990 fügte Gabriele Mucchi dem Kleinod einen weiteren Schatz hinzu, indem er ein Bild für das Kirchlein schuf. Während der Saison finden in der Kapelle viele Veranstaltungen, u. a. Konzerte, statt.

WAASE (ⓘ 038305 / 53481) ist mit seinen ca. 200 Einwohnern – die ganze Insel hat ca. 270 – der Hauptort der Insel Ummanz. Im Ort sind noch einige der typischen, rohrgedeckten Fachwerkhäuser erhalten, z. B. die Alte Küsterei, die jetzt als Informationszentrum

Waase – der größte Ort auf Ummanz

genutzt wird. Sie liegt gleich hinter der Brücke, neben der kleinen Kirche mit einem frühgotischen Chor aus Backstein und einem Fachwerk-Langhaus aus dem 16./17. Jh. Die Kirche birgt einen kostbaren, gotischen Schnitzaltar, der um 1520 in Antwerpen gefertigt wurde, dann nach Stralsund gelangte und von dort 1708 nach Ummanz kam. In den filigranen Darstellungen werden Szenen aus der Passion Jesu Christi und aus dem

Leben des englischen Erzbischofs Thomas Becket gezeigt. Ebenfalls erwähnenswert sind die Renaissancekanzel mit Intarsienarbeiten und ein gotischer Marienleuchter aus Bronze.

Der WASCHSTEIN, ein Findling von 18 m^3 Volumen, liegt etwas nördlich des Königsstuhls im seichten Wasser. Seine wirklichen Ausmaße kann man erst aus der Nähe ermessen. Vom Waschstein erzählt man sich die Sage von der Jungfrau, die alle sieben Jahre am Johannistag hier erscheint und ihre Kleider wäscht. Ruft man sie an und sagt: „Guten Tag, Gott helf", dann hat man sie erlöst und man wird aus Dankbarkeit zu verborgenen Schätzen geführt.

WIEK (ⓘ 038391 / 76870) wurde 1314 erstmals urkundlich erwähnt. Bevor Niedersachsen im 13. Jh. am Wieker Bodden siedelten und dem Dorf seinen heutigen Namen gaben, wohnten Ranen hier. Die Bewohner lebten hauptsächlich von

Landwirtschaft, Fischfang, Handwerk und vom Handel mit Getreide, das die Wieker Seeleute nach England brachten. Die Lage am Bodden begünstigte die Segelschifffahrt. Hier bot sich den Seeleuten ein geschützter Liegeplatz. Vor dem Bau des Rügendammes fuhr täglich vom Wieker Hafen ein Dampfer nach Stralsund. Heute ist der Hafen, der seit Juni 2003 ein modernes Ambiente besitzt, Ausgangspunkt von Rundfahrten und Hiddenseeausflügen. Das Wieker Kinderkurheim besteht seit 1920. Damals gründete die Sozialversicherungsgesellschaft Sachsen aus den Unterkünften der ehemaligen Seeflugstation diese Heilanstalt für Mütter und Kinder aus den Industrieregionen Deutschlands. Die 1929/30 fertig gestellten Häuser wurden in die Liste der denkmalgeschützten Gebäude aufgenommen. Die Wieker Kirche, um 1400 als Hallenkirche erbaut, ist ein wertvolles Beispiel der norddeutschen Backsteingotik. Neben der Kirche steht der um 1600 errichtete Glockenturm.

Die WISSOWER KLINKEN sind eine der bekanntesten Formationen an der Jasmunder Kreideküste. Sie wurden in der zweiten Hälfte des 19. Jhs. durch Erosion herausgebildet. Caspar David Friedrich kannte sie noch nicht. Der Abbruch der Wissower Klinken 2005 war nur einer von vielen Erosionsschritten. Die Basis der Klippen ist noch vorhanden und der Anblick ist sehr imposant.

Die Wissower Klinken

An der **Wittower Fähre** wurde mit den Fährschiffen „Jasmund“ und „Wittow“ am 17. September 1896 der Eisenbahnbetrieb der Schmalspurstrecke Bergen–Altenkirchen aufgenommen. Der damals noch geplante Brückenbau wurde nie verwirklicht. Heute verkehrt hier eine moderne Personen- und Fahrzeugfähre, die täglich im Pendelverkehr die beiden Inselteile verbindet.

Wittower Fähre

Z

Die **„Zickerschen Alpen“** – eine Hügellandschaft auf der Mönchguter Halbinsel Groß Zicker mit einer Höhe von 66 m garantieren eine Fernsicht, die im Osten die Insel Usedom, im Norden das Göhrener Nordperd und Höhenzug der Granitz, sowie im Westen Putbus und Bergen umfasst.

Der Museumshof **Zirkow** besteht aus einer Scheune (18. Jh.) und zwei weiteren Wirtschaftsgebäuden älterer Bauart. Hier erfährt man viel Wissenswertes über die Geschichte der Landwirtschaft auf Rügen. Neben der gotischen Backsteinkirche ist seit 2013 auch Karls Erlebnishof ein Hauptanziehungspunkt für Touristen auf der Insel Rügen.

Der Palmer Ort auf der 18 km² großen Halbinsel **Zudar** ist der südlichste Punkt Rügens. Der Ort Zudar wird von einer markanten Kirchturmspitze überragt. Die Mitte des 13. Jhs. errichtete Backsteinkirche „St. Laurentius" war einst ein beliebtes Wallfahrtsziel. Hinter dem Kirchhof befindet sich ein 8 m hoher Burgwall aus der Slawenzeit, welcher der Legende nach Zufluchtsort des Seeräubers Klaus Störtebeker gewesen sein soll.

Register

Literatur

- Rügener Radeltouren, ***grünes herz***, 3. Auflage, Ilmenau 2009
- Rügen: Sagen und Geschichten, Demmler Verlag, 3. Auflage, Ribnitz-Damgarten 2015
- Spaziergänge auf Rügen, Demmler Verlag, 2. Auflage, Ribnitz-Damgarten 2004
- Rügen – Strand & Steine, Demmler Verlag, 6. Auflage, Ribnitz-Damgarten 2013
- Baedeker Rügen, Hiddensee, MairDumont, 8. Auflage, Ostfildern 2018
- Zwei Riesen im Sund, Sagen von der Insel Rügen, Demmler Verlag, 3. Auflage, Ribnitz-Damgarten 2020
- Rügen, Ein Wanderführer, ***grünes herz***, Ilmenau und Ostseebad Wustrow 2020

Neuerscheinungen Frühjahr 2021

Die Rhino-Westentaschen-Bibliothek

- 023 Thüringer Schlösser
- 024 Thüringer Burgen
- 025 J. S. Bach – Stationen seines Lebens und Wirkens
- 026 Thüringer Kuchen & Plätzchen
- 027 Kleines Kürbisbuch
- 028 Buddhistische Weisheiten
- 029 *Großmutters Gartentipps*
- 030 Weimar von A bis Z
- 031 Kleines Berliner Mauerbuch
- 032 Rügen von A bis Z
- 033 Das kleine Ostseemöwen-Buch
- 034 Sojourns and Sayings of Martin Luther
- 035 iga, egapark, BUGA – Blumenstadt Erfurt
- 036 **Heil- und Kräuterschnäpse**
- 037 Kleines Thüringer Bierbuch
- 038 F. Fröbel – Stationen seines Lebens und Wirkens
- 039 *Großvaters Handwerkstipps*
- 040 Weisheiten für den Gartenfreund
- 041 Kleines Ringelnatz-Buch
- 064 Das kleine Wismarbuch
- 065 Der Brocken · Mythos und Wirklichkeit
- 066 Das kleine Buch der Thüringer Trachten
- 067 Kleines Tucholskybuch
- 068 Der Molli
- 069 Kleine Geschichte Rostocks
- 070 Beethoven – Persönlichkeit, Schaffen, Mythos
- 071 Kleine Geschichte der Hanse
- 072 Kleine Geschichte der Stadt Dresden
- 073 Die Krämerbrücke
- 074 Küstenwind küsst Wüstenkind
- 075 August der Starke
- 076 Kleines Thüringer Weinbuch
- 077 Marzipan & Nougat
- 078 ***Kleines Steakbuch***
- 079 Das kleine Fehmarn-Buch
- 080 Kluge Köpfe rollen am schnellsten
- 081 Thüringer Tapas
- 082 Kleine Geschichte der Stadt Leipzig
- 083 Kleines Thüringer Porzellanbuch